Seconda ristampa, febbraio 2011

Progetto grafico: Gaia Stock

© 2004 **Edizioni E**L, San Dorligo della Valle (Trieste)
ISBN 978-88-477-1387-1
Stampato da LEGO S.p.A., Vicenza

www.edizioniel.com

C'ERA UNA FIABA...

# I musicanti di Brema

da J. e W. Grimm

...raccontata da Roberto Piumini
illustrata da Nicoletta Costa

Edizioni E*L*

Un uomo aveva un vecchio asino,
con cui aveva portato per molti anni
i sacchi di farina al mulino.
Un giorno l'uomo lo guardò,
pensando: "Sei stanco, asino mio:
domani mi libererò di te." Ma i somari
sono intelligenti, e quando il nostro
asino vide quello sguardo, non
aspettò l'alba: nella notte infilò
la porta della stalla, e si mise a
trotterellare verso Brema.
"Chissà, chissà…" pensava. "Là potrò
entrare nella banda musicale!"

Trotta e trotta, vide un vecchio cane che ansimava, sdraiato sulla strada.
"Perché sbuffi cosí, amico?" chiese l'asino.
"Non sono piú capace di seguire le piste," rispose quello. "Il mio padrone mi vuole ammazzare, e cosí sono scappato."
"Vieni a Brema con me," disse l'asino. "Io suonerò il liuto e tu i timpani!"
Cosí si misero insieme, e andarono avanti.

Ed ecco, dopo un po', un micio mogio, seduto al bordo della strada. "Che ti succede, vecchio graffiamusi?" disse il cane, annusandolo.

"Succede che sono vecchio, e non so piú prendere i topi. La padrona voleva annegarmi, ed eccomi qui."

"Vieni a Brema con noi, a suonare nella banda," dissero l'asino e il cane. Il gatto accettò, si alzò, e si uní al loro cammino.

Passando in un villaggio, videro un gallo che strillava su un portone.

"Perché strilli tanto, testa rossa?" chiese il gatto.

"Per sfogarmi un po'. Strillo perché ho sentito che la mia padrona, domani, mi vuole mettere nella pentola!"

"Si trova sempre qualcosa di meglio della morte, compare. Vieni con noi a Brema!" disse il gatto.

E i quattro ripresero insieme il cammino.

Trotta e zampetta, scese la sera, e si trovarono in un bosco molto scuro.

"Potremmo dormire qui, anche se non ci piace…" disse l'asino, guardandosi attorno sospettoso.

"Fatemi dare un'occhiata in giro," disse il gallo, e svolazzò su un albero.

"Vedo una luce, laggiú!" annunciò.

"Deve essere una casa!"

"Andiamo!" propose il cane. "Meglio passare la notte là, che in questo brutto buio!"

Quando arrivarono alla casa,
l'asino si affacciò alla finestra,
e guardò.

"Cosa vedi, compare?" chiese il cane.

"Vedo una tavola piena di cose buone,
e vedo sette brutti briganti che se la
spassano."

"Ah, se ci fossimo noi, attorno a
quella tavola!" mormorò il gatto.

"Cosa possiamo fare?" disse il gallo.

I quattro misero le teste vicine, e
tennero consiglio.

QUANDO EBBERO PENSATO E BISBIGLIATO,
L'ASINO SI APPOGGIÒ ALLA FINESTRA,
IL CANE GLI SALTÒ IN GROPPA, IL GATTO
SALÍ SUL CANE, E IN CIMA IL GALLO.
POI SI MISERO A STRILLARE PIÚ FORTE CHE
POTEVANO: RAGLI, RASCHI, ABBAIAMENTI,
MIAGOLII, E FORTISSIMI CHICCHIRICHÍ.
POI, FRACASSANDO I VETRI, PIOMBARONO
NELLA STANZA.
I BRIGANTI, CREDENDOLI FANTASMI,
SCAPPARONO NEL BOSCO. SUBITO I QUATTRO
SI MISERO A TAVOLA E MANGIARONO TUTTO
QUELLO CHE C'ERA.

Dopo pranzo, gli animali scelsero
un posto per dormire: l'asino
nel letamaio, il cane dietro la porta
posteriore, il gatto nel camino e il
gallo sulla trave. Poi, stanchi e sazi,
si addormentarono.

Quando i briganti videro che in casa
non c'era piú luce, dissero:
"I fantasmi, forse, sono andati via…
Ora possiamo tornare…"
"Barbamorte, va' a dare un'occhiata!"
ordinò il capo-brigante.

Barbamorte dovette obbedire.

Il brigante, piano piano, entrò: tutto sembrava tranquillo. Vide qualcosa brillare nel camino, pensò che fossero due pezzi di brace e soffiò per ravvivare il fuoco. Però non erano braci: erano gli occhi del gatto, che gli saltò in faccia, soffiando e graffiando.

Il brigante cercò di scappare per la porta di dietro, ma il cane lo azzannò alla gamba. Urlando, Barbamorte passò dal letamaio, e si prese un calcio dall'asino, mentre il gallo strillava "Chicchirichí!"

Terrorizzato, Barbamorte corse fuori e arrivò dagli altri.

"Là dentro c'è una strega che mi ha soffiato e graffiato!" disse tremando.

"E sulla porta c'è un assassino con un coltello che mi ha ferito il polpaccio! E nel letamaio un mostro che mi ha dato una randellata! E sul tetto un giudice che strillava contro di me!"

Spaventati da quel racconto, i briganti decisero di andarsene il piú possibile lontano, e non tornare mai piú.

AL MATTINO, I QUATTRO SI SVEGLIARONO.
"È ORA DI PARTIRE PER BREMA," DISSE
IL GATTO. PERÒ NON MUOVEVA ZAMPA.
"SUONEREMO NELLA BANDA," DISSE IL
GALLO, MA NON SPOSTAVA UNA PIUMA.
"BISOGNA PARTIRE," DISSE L'ASINO, MA
NON ALZAVA ZOCCOLO.
"IO SENTO ODORE DI VOGLIA DI RESTARE
QUI!" DISSE IL CANE: E FECERO COSÍ.
RIMASERO PER SEMPRE IN QUELLA CASA,
INSIEME, CONTENTI E FELICI.
CHI A QUESTA STORIA NON CREDE,
HA GLI OCCHI, MA NON VEDE.

# C'ERA UNA FIABA...